Floyd McClung

Die Sünde überwinden

Wie gehe ich mit Versuchung um?

ONE WAY VERLAG WUPPERTAL
UND WITTENBERG
JUGEND MIT EINER MISSION Edition

Die Deutsche Bibliothek – CIP-Einheitsaufnahme

MacClung, Floyd:
Die Sünde überwinden / Floyd McClung Jr.
[Übers. aus dem Amerikan. von Manfred Schmidt]. –
2. Aufl. – Wuppertal; Wittenberg: One-Way-Verl., 1996
(Reihe: JMEM Edition; 600015)
Einheitssacht.: How To Have Victory Over Sin <dt.>
ISBN 3-931822-04-4

Titel der Originalausgabe:
How To Have Victory Over Sin
© 1988 by Floyd McClung Jr.
Published by Marshall Morgan and Scott Marshall Pickering
Basingstoke, Hants, UK
All rights reserved.

© 1996 der deutschsprachigen Ausgabe:
One Way Verlag GmbH, Wuppertal und Wittenberg
Übersetzt aus dem Amerikanischen von Manfred Schmidt
Umschlaggestaltung: Büro für Kommunikationsdesign,
Wolfram Heidenreich, Mainz
Gesamtherstellung: Clausen & Bosse, Leck
Reihe: JMEM Edition 600015

Printed in Germany

2. Auflage 1996

ISBN 3-931822-04-4

Die Bibelzitate sind in der Regel der Einheitsübersetzung und
der Lutherbibel 84 entnommen.

Inhaltsverzeichnis

Danksagung

Ich möchte Geoff und Janet Benge für ihre Hilfe beim Schreiben dieses Buches danken. Ihre Namen sollten eigentlich auf der Titelseite erscheinen – ich stehe tief in ihrer Schuld.

Geoff und Jane sind treue Freunde und wunderbare Ko-Autoren gewesen. Viele der hier mitgeteilten Ideen kamen durch die anregenden Gespräche mit ihnen an so unterschiedlichen Plätzen wie Bozeman (Montana, USA) und Amsterdam zustande.

Danke, Geoff und Jane, für Eure Freundschaft und Euren Beistand beim Entstehen dieses Buches. Ich bin Euch sehr dankbar.

Floyd McClung
Amsterdam, Holland

Hast du dich schon als Versager gefühlt?

Ich wuchs auf mit dem Gefühl, ein geistlicher Versager zu sein.

Als ich ein Teenager war, gab es oft Aufrufe in den Sonntagabendgottesdiensten, nach vorne zum Altar zu kommen. Dies bot den Leuten die Gelegenheit, eine Hingabe an Jesus Christus zu vollziehen, sei es erstmalig, sei es, um die bereits erfolgte Hingabe zu erneuern. Immer wieder sind meine Freunde und ich damals nach vorne gegangen, um dem Folge zu leisten. Wir wußten, daß wir schon gerettet waren, aber wir fühlten uns immer noch als Versager. Wir waren einfach nicht in der Lage, alle die Regeln einzuhalten, die man uns gegeben hatte. Ich kann mich noch gut an das ständige Gefühl von Selbstverdammnis und Versagen erinnern – ich war einfach nicht gut genug. Auf der anderen Seite wollten meine Freunde und ich einfach nicht zu den Wegen und Maßstäben der „Welt" zurückkehren – wir waren im Niemandsland gestrandet! Wir wünschten uns einen „Altar"ruf, der uns zu „alter"nativen, zu anderen Menschen gemacht hätte! Warum geht es so vielen von uns so, die sich am Glauben festklammern, sich Jahr um Jahr abkämpfen und doch nie ein siegreiches Christenleben zu genießen scheinen?

Paulus sagt uns: „Jetzt gibt es keine Verurteilung mehr, für die, welche in Christus Jesus sind" (Römer 8,1) – wir können „der Sünde absterben und Christus leben". Jesus sagt, daß der Dieb nur kommt, um zu stehlen, zu

9

töten und zu zerstören; er aber kam, um uns Leben zu geben, und das im Überfluß (Johannes 10,10). Ich glaube inzwischen daran und weiß es aus Erfahrung, daß wir Augenblick für Augenblick dieses überfließende Leben und die Freiheit von der Macht der Sünde erleben können. Das heißt nicht, daß Christen ihr ganzes Leben sündlos verbringen können. Ich glaube aber, daß Christen soweit kommen können, daß die Sünde zur Ausnahme statt zur Regel in ihrem Leben wird.

Seit dieser „Frühzeit" meines Christseins habe ich einige biblische Schlüssel entdeckt, um den Sieg über die Sünde wirklich erfahren zu können. Diese Schlüssel haben mein persönliches Leben mit Gott freigesetzt und zugleich Freiheit für viele andere bewirkt, denen ich sie mitteilen durfte. Es sind einfache Dinge, aber manchmal sind die einfachsten Dinge die tiefsten.

Vielleicht kämpfst du mit Gefühlen von Selbstverdammnis und Versagen. Vielleicht hast du das Gefühl, überhaupt kein „guter" Christ zu sein. Vielleicht gibt es eine Sünde, der du seit langem immer wieder unterliegst. Unabhängig von unserer Situation verheißt uns Gottes Wort den Sieg über die Sünde. Es gibt eine gute Nachricht: wir können in einer beständigen und engen Beziehung mit Jesus Christus leben; Sünde braucht uns nicht von ihm zu trennen.

KAPITEL 1

Sieg worüber?

Viele Christen haben Jahre damit verbracht, gegen etwas zu kämpfen, wovon sie kaum eine Ahnung haben! Um besser zu verstehen, was Sünde ist, müssen wir uns zunächst anschauen, was Sünde nicht ist.

Sünde bedeutet nicht Ungehorsam gegenüber einer Reihe willkürlicher Vorschriften. Was auch immer Ungehorsam gegenüber Vorschriften und Regeln, die nicht aus der Bibel stammen, ist, er ist nicht als „Sünde" zu definieren.

Mein Freund David schloß sich voller Begeisterung über Gott und seinen neugefundenen Glauben einer Gemeinde an – und das erste, was man ihm aushändigte, war ein 170seitiges Buch mit Verhaltensregeln! Darin war alles vorgeschrieben, angefangen von den Orten, die er besuchen durfte, welche Kleider er tragen sollte, wie lang sein Haar sein durfte, bis hin zu der Art von Personen, mit denen er Gemeinschaft haben durfte. Tragischerweise kümmerte sich das Buch um alles, außer um das, worauf es wirklich ankommt: Herzenshaltungen. Was die Vorschriften implizierten war, daß man ein guter Christ sei, wenn man sie alle befolgte. Wenn nicht, warst du draußen!

Manchmal frage ich mich, ob Jesus alle diese Regeln eingehalten hätte? In der Tat machte er vernichtende Aussagen über die Pharisäer, die die Beziehung mit Gott auf eine Reihe bis ins Detail gehender und manchmal lä-

11

cherlicher Vorschriften reduziert hatten. Unglück-licherweise gibt es immer wieder Leiter, die glauben, der Weg zur Heiligkeit bestünde darin, den Menschen eine lange Liste von Geboten und Verboten aufzuhalsen. Das führt aber nur zu Schuld- und Verdammnisgefühlen. Je mehr Vorschriften es gibt, desto größer werden unsere Versagensgefühle, wenn wir es nicht schaffen, sie einzu-halten.

Sünde ist nicht gleich Versuchung. Jesus hat klar zwi-schen beiden Dingen unterschieden. Versuchung zur Sünde ist nicht gleich Sünde, obwohl wir das oft den-ken. Diese Verwechslung spielt nur dem Teufel in die Hände. Satan sieht es gerne, daß wir glauben, gesündigt zu haben, wenn wir in Wirklichkeit nur versucht wur-den.

Jesus wurde in der Wüste versucht, und doch heißt es, daß er ohne Sünde war. Daraus können wir schließen, daß Versuchung nicht gleich Sünde ist. Seine Versu-chungen hinterließen bei Jesus nicht Gefühle der Nie-derlage und Unwürdigkeit. Er wurde genauso wie wir versucht, als Satan ihm Macht, Reichtum, Anerken-nung und einen schnellen Weg vor Augen führte, um seine gottgegebene Bestimmung zu erreichen. Aber er gab diesen Versuchungen nicht nach und sündigte des-halb nicht.

Wenn wir nagende Schuldgefühle haben, müssen wir uns die Frage stellen, „Habe ich gesündigt? Was genau habe ich falsch gemacht und wie kann ich das wieder in Ordnung bringen?" Bitte Gott, dir diese Dinge aufzu-decken. Ihm liegt sehr daran, uns zu einem siegreichen Leben zu verhelfen; er wird uns unsere Sünden zeigen, wenn wir ihn darum bitten. Wenn du das tust und dir dabei nichts einfällt, dann ist es gut möglich, daß Satan dich nur mit vagen Anschuldigungen angreift. Ich glaube, daß viele Christen Versuchung mit Sünde verwechseln und so ein falsches Verdammnisgefühl entwik-keln, das ihnen ihre Kraft und Freude raubt. Wenn du dich so fühlst, dann geh zu einem reifen Christen und bete die ganze Sache durch.

Wenn der Heilige Geist uns von Sünde überführt, dann ist uns klar, was wir falsch gemacht haben. Verdammnis ist oft ein unbestimmtes Gefühl eines allgemeinen Versagens anstelle des Bewußtseins einer konkreten Sünde. Falsche Gefühle, die von Anklagen Satans herrühren, machen uns kaputt; wenn aber der Heilige Geist Menschen überführt, die offen sind für ihn, dann ist das Aufdecken der Sünde begleitet von der Erkenntnis der Gnade Gottes und von Hoffnung. Der Sinn von Schuldgefühlen ist es, uns zu zeigen, was wir falsch gemacht haben, und uns dann zu Jesus zu führen! Das ist die eigentliche Aufgabe von Schuldgefühlen, sofern sie auf tatsächlich begangenen Sünden beruhen.

Paulus ermahnt uns, dem Teufel (und seinen Versuchungen) zu widerstehen, dann wird er vor uns fliehen. Sünde entsteht an dem Punkt, wo wir Versuchungen in Gedanken pflegen und es zulassen, daß sie immer mehr Raum einnehmen. Werden wir versucht und leisten dem aktiv Widerstand, dann sündigen wir nicht. Wenn wir aber die Versuchung willkommen heißen, sie hegen und pflegen und ihr schließlich nachgeben, dann sind wir in Sünde gefallen.

Sünde ist nicht ein Produkt unserer Umgebung und liegt auch nicht jenseits unserer Kontrolle. Viele glauben, daß bestimmte Sünden außerhalb ihrer Kontrolle lägen und rechtfertigen sich „Ich hasse Männer. Mein Vater hat mich vergewaltigt, als ich zwölf war", oder „Alles was ich gehört habe, als ich aufwuchs, war negativ. Sag mir nicht, ich soll meine Frau ermutigen – so bin ich einfach nicht erzogen." Solche Situationen treten oft auf, sind aber keine Entschuldigung für Sünde.

Einige Leute sagen, daß „der Teufel mich dazu gebracht hat, diese Sache zu tun". Sie schieben ihre Handlungen auf den Teufel, als ob sie keine Wahl gehabt hätten. Erinnern wir uns daran, daß weder der Teufel noch die Sünde uns in einer Weise versuchen können, die wir nicht überwinden können. Die Bibel verheißt, daß der Herr bei jeder Versuchung einen Ausweg schafft (1. Korinther 10,13). Konzentriere dich daher nicht auf die Sünde oder den Versucher, sondern auf den Ausweg!

Im Alten Testament machte Gott es den Israeliten deutlich, daß sie niemand anderem ihre Sünde in die Schuhe schieben konnten. Statt dessen mußten sie die Verantwortung für ihre eigenen Gedanken und Handlungen übernehmen: „Das Wort des Herrn erging an mich: Wie kommt ihr dazu, im Land Israel das Sprichwort zu gebrauchen: Die Väter essen saure Trauben, und den Söhnen werden die Zähne stumpf? So wahr ich lebe – Spruch Gottes, des Herrn –, keiner von euch in Israel soll mehr dieses Sprichwort gebrauchen. Alle Menschen sind mein Eigentum, das Leben des Vaters ebenso wie das Leben des Sohnes, sie gehören mir. Nur wer sündigt soll sterben" (Hesekiel 18,1–4). Gott wird die Person, die sündigt, zur Rechenschaft ziehen und keine unserer selbstgestrickten Entschuldigungen dafür zulassen.

Gott hat uns nicht nur Gebote gegeben, um sie zu halten, sondern auch die Kraft dazu, sie zu erfüllen. Er macht das in seinen Worten gegenüber Kain nach dessen Fall in 1. Mose (Genesis) 4,6–7 deutlich: „Der Herr sprach zu Kain: Warum überläuft es dich heiß, und warum senkt sich dein Blick? Nicht wahr, wenn du recht tust, darfst du aufblicken; wenn du nicht recht tust, lauert an deiner Tür die Sünde als Dämon. Auf dich hat er es abgesehen, doch du werde Herr über ihn!"

Die Tatsache, daß man von einem Freund oder Familien-
mitglied emotional verletzt worden ist, ist in sich keine
Sünde. Wir müssen uns aber klar darüber werden, daß
eine solche Verletzung leicht zu einer Gelegenheit für
Sünde wird. Es ist wie mit einem Riß in einem Damm.
Wenn man sich nicht darum kümmert, wird schließlich
der ganze Damm einstürzen. Wenn uns jemand tief verletzt, können wir darauf auf zweierlei Weise reagieren.
Entweder reagieren wir mit Haß und Bitterkeit und entwickeln eine Haltung der Kritik, die zur Uneinigkeit
führt, oder wir können Gott darum bitten, uns mit seiner
Liebe zu erfüllen und zu verhindern, daß Bitterkeit oder
ein unreiner Geist sich in uns festsetzen.

Jesus hat uns angewiesen, die Menschen zu lieben, die
uns fluchen. Wenn wir nicht bewußt diese Anstrengung
auf uns nehmen und so den Heiligen Geist in die Situation einbeziehen, dann wird das Böse, das uns angetan
wurde, Sünde in unserem Leben hervorbringen. Wir sind
für unsere Reaktion auf Verletzungen in unserem Leben
selbst verantwortlich. Es kommt auf unsere Entscheidung an; Gott wird von uns darüber Rechenschaft ver-
langen.

Sünde bringt immer Verletzungen hervor und beraubt
uns der Freude, die ein Ergebnis enger Gemeinschaft ist –
sei es der Gemeinschaft mit unserem himmlischen Vater, sei es mit unserer Familie oder Freunden. Sünde findet nicht in einem luftleeren Raum statt, sondern greift
auf unsere Umgebung über und beeinträchtigt das Leben
vieler anderer Menschen.

Sünde ist mehr als eine äußerliche Handlung. Jesus
sprach viel über Sünde, tat das aber häufiger im Hinblick
auf innere Haltungen als auf äußerliche Handlungen. So
sagt er zum Beispiel: „Nicht das, was durch den Mund in

den Menschen hineinkommt, macht ihn unrein, sondern was aus dem Mund des Menschen herauskommt, das macht ihn unrein. Was aber aus dem Mund herauskommt, das kommt aus dem Herzen, und das macht Menschen unrein." (Matthäus 15,11.18). Wir konzentrieren uns oft auf äußerliche Sünden – Tatsünden – aber es gibt genauso Herzenssünden, geheime Sünden, geheime Gedanken. Jesus stellt klar, daß ein Mensch, der eine Sünde plant, ohne sie auszuführen, genauso schuldig ist, wie wenn er die Tat auch vollbracht hätte. Wenn zum Beispiel ein Geschäftsmann Ehebruch mit seiner Sekretärin plant, sie aber auf dem Weg zum Hotel in einen Unfall verwickelt wird, und dadurch die Verabredung platzt, dann ist er in seinem Herzen des Ehebruchs schuldig, obwohl er physisch diese Sünde nicht begangen hat.

Daß Gott uns so zur Verantwortung zieht im Hinblick auf die Absichten unseres Herzens, steht in krassem Gegensatz zu weltlichen Vorgehensweisen. Man stelle sich nur vor, jemand müßte vor Gericht erscheinen, weil er lediglich darüber nachgedacht hat, wie die Kasse mit dem Kleingeld seines Arbeitgebers zu stehlen wäre. So etwas ist unvorstellbar, denn als Menschen können wir die Gedanken anderer nicht lesen. Gott aber kann es! „Der Mensch sieht, was vor den Augen ist, der Herr aber sieht das Herz" (1. Samuel 16,7). Ja, mehr noch – Jesus verheißt, daß die Dinge, die wir im Geheimen denken, eines Tages von den Dächern verkündet werden!

Aus unseren bisherigen Überlegungen, was Sünde nicht bedeutet, ergibt sich ein klareres Bild dessen, was Sünde ist. Sünde ist eine absichtliche Verletzung dessen, was wir in unserem Herzen und Gewissen als richtig und wahr erkennen, sei es durch Handlungen oder in Gedanken. Sie ist ein Bruch des göttlichen Moralgesetzes. Sie ist das Nachgeben gegenüber einer Versuchung, wobei wir doch zugleich im Tiefsten wissen, daß das falsch ist und am Ende nur uns selbst und anderen Schmerzen verursachen wird. Sünde ist Auflehnung gegen Gott. Indem wir willentlich Sünde tun, sagen wir zu Gott: „Ich weiß, daß es falsch ist, und du dem nicht zustimmst, aber ich will es!" Unsere Sünde bringt Not und Schmerzen für die Menschheit und für den Gott der Liebe, der uns zur Gemeinschaft mit sich erschaffen hat.

Durch die ganze Geschichte der Christenheit hindurch hat es viele Diskussionen gegeben, ob wir als Menschen sündigen *müssen*. Gibt es eine erbbedingte Ursache für die Sünde oder ist sie ausschließlich eine freie Entscheidung des einzelnen? Für den einzelnen in seiner konkreten Lebenssituation ist diese Frage aber belanglos; wir sollten uns statt dessen lieber fragen „Habe ich gesündigt?" Wenn ja, laßt uns der Realität unseres Versagens ins Auge blicken und nicht in große theologische Debatten über Wesen und Ursache der Sünde ausweichen. Tatsache ist, daß wir alle sündigen. Die Bibel sagt ganz einfach: „Alle haben gesündigt und die Herrlichkeit Gottes verloren" (Römer 3,23). Ich glaube, daß jeder Mensch für sich persönlich Adams Auflehnung gegen Gott ratifiziert hat. Der Mensch ist von Natur ein sündiges Wesen geworden. Wichtig dabei ist, daß wir die Verantwortung für unsere Sündhaftigkeit übernehmen und sie nicht auf andere abwälzen.

Ungeachtet der scheinbaren Hoffnungslosigkeit, in die uns die alles umfassende menschliche Selbstsucht führt, gibt es Hoffnung. Gott hat uns nicht der Sünde überlassen, sondern uns ein wunderbares Mittel für Vergebung und Versöhnung geschenkt: seinen Sohn Jesus. Durch seinen Sühnetod und seine darauffolgende Auferstehung können wir in wunderbarer Weise freigesetzt werden und brauchen nicht länger unter die Macht der Sünde versklavt zu sein. Das heißt nicht, daß wir für immer von ihren Verlockungen frei sein werden; es gibt uns aber ein Mittel, im Kampf gegen die Sünde zu bestehen und in ein siegreiches Christenleben hineinzukommen. Die Prinzipien, die im Rest dieses Buches dargelegt werden, sind Waffen, die jeder von uns in diesem permanenten Kampf einsetzen kann.

KAPITEL 2

Die Kraft, sich von der Sünde abzuwenden

Buße. Ist das nur ein Gefühl von Reue, das über uns kommt, oder ist es der Wunsch, daß wir etwas besser nicht getan hätten, weil die Sache dann auf uns zurückfiel? Wann wissen wir, daß wir echt Buße getan haben?

2. Korinther 7,10 redet von „gottgewirkter Traurigkeit" und „weltlicher Traurigkeit". Gottgewirkte Traurigkeit ist Buße, weltliche Traurigkeit ist bloßes Bedauern. Buße führt dazu, daß wir dieselbe Sünde nicht wieder tun wollen, wenn sich die Gelegenheit dazu ergibt. Bedauern aber heißt, daß wir das gleiche wieder tun würden, aber dann so, daß die negativen Konsequenzen vermieden werden. Ich bin mir sicher, daß 90% aller Gefängnisinsassen das Vergehen, für das sie inhaftiert wurden, bedauern und *dieses* Vergehen bei sich bietender Gelegenheit nicht noch einmal tun würden. Und doch verbringen viele Gefangene Monate, ja sogar Jahre damit, das „perfekte Verbrechen" auszuhecken. Sie beabsichtigen überhaupt nicht, ihren kriminellen Lebensstil aufzugeben – sie versuchen nur, seinen Konsequenzen zu entgehen.

Oder nehmen wir ein unverheiratetes Mädchen, das schwanger wird. Sie kann entweder bedauern, nicht die richtigen vorbeugenden Maßnahmen getroffen zu haben, oder sie kann Buße tun, daß sie unehelichen Sex hatte. Buße bedeutet, daß wir die wesensmäßige Verkehrtheit unserer Sünde sehen. Das Ergebnis davon ist dann, daß wir „nein" sagen wollen, wenn wir wieder vor derselben Versuchung stehen. Bedauern dagegen richtet sich nur darauf, daß wir unsere Spuren nicht besser verwischt haben.

Echte Buße liegt dann vor, wenn wir Sünde aus Gottes Perspektive zu sehen beginnen – wenn wir erkennen, wie sie Gottes Herz zerbrochen hat. Vielleicht ist diese Vorstellung, daß unsere Sünde Gottes Herz zerbricht, neu für uns. In 1. Mose (Genesis) 6,5–6 heißt es: „Der Herr sah, daß auf der Erde die Schlechtigkeit des Menschen zunahm und daß alles Sinnen und Trachten seines Herzens immer nur böse war. Da reute es den Herrn, auf der Erde den Menschen gemacht zu haben, und es tat seinem Herzen weh." Gott war so enttäuscht über das, was er sah, daß er Kummer und Trauer in seinem Herzen empfand.

Auch das Herz Jesu zerbrach, als er über Jerusalem weinte. „Jerusalem, Jerusalem, du tötest die Propheten und steinigst die Boten, die zu dir gesandt sind. Wie oft wollte ich deine Kinder um mich sammeln, so wie eine Henne ihre Küken unter ihre Flügel nimmt; aber ihr habt nicht gewollt" (Lukas 13,34). Gottes Herz empfindet tiefen Schmerz wegen unserer Sünde. Sie entfremdet uns von ihm und von unseren Glaubensgeschwistern.

Das stärkste Motiv für Buße

Wenn wir den Sieg über die Sünde haben wollen, müssen wir sie aus Gottes Perspektive sehen. Wenn wir den Schmerz Gottes über die Sünde erfahren, dann wird uns das in einer Art und Weise unter die Haut gehen, wie nichts anderes es kann. Keine Predigt über die Hölle kann jemals ein menschliches Herz so verändern wie die Erkenntnis, welchen Schmerz unsere Sünde dem Herzen unseres Schöpfers zufügt. Wir müssen Gott darum bitten, uns zu zeigen, was die Sünde ihm antut. *Wenn wir das tun und anfangen, seine große Liebe zu uns zu verstehen, egal wie sehr wir sein Herz verletzt und betrübt haben, dann wird es zu einer natürlichen Reaktion für uns, daß wir uns von dieser Sünde abwenden.* Das ist die Probe auf unsere Aufrichtigkeit und auf das Ausmaß unseres verzweifelten Verlangens, mit Gott in Ordnung zu kommen. Der Heilige Geist arbeitet beständig in unserem Herz daran, daß wir dementsprechend reagieren können. Paulus schreibt in Römer 2,4: „Verachtest du etwa den Reichtum seiner Güte, Geduld und Langmut? Weißt du nicht, daß Gottes Güte dich zur Umkehr treibt?"

Ich kann mich daran erinnern, wie sehr es mich verletzt hat, als ich erkannte, daß meine damals sechsjährige Tochter Misha mich anlog. Meine Frau Sally und ich hatten in Büchern über Kindererziehung gelesen, daß Kinder oft durch solche Phasen gehen und daß man ihnen deutlich machen sollte, wie wichtig es sei, die Wahrheit zu sagen. Wir haben alles versucht, was uns in dieser Hinsicht nur einfiel. Wir haben mit ihr darüber gesprochen, haben sie gezüchtigt, haben ihr Privilegien vorenthalten und haben sie ermutigt und unterstützt, wenn sie die Wahrheit sagte. Aber all das nützte nichts. Sie log nur noch mehr. Aus schierer Verzweiflung gaben wir schließlich alle Maßnahmen auf und fingen an zu beten. (Eltern können genauso wie Kinder manchmal lange brauchen, um etwas zu lernen!)

Eines Morgens, nicht lange danach, spürte ich, wie der Herr sagte: „Mache mit Misha einen Spaziergang, bevor sie zur Schule geht!" In einiger Entfernung von unserem Haus hielt ich dann an und kniete mich hin, so daß ich ihr in die Augen sehen konnte. Sehr sanft sagte ich: „Misha, ich kann dir einfach nicht mehr vertrauen." Mir liefen die Tränen herunter, als ich dann hinzufügte: „Es tut Papa so weh, daß er seiner Tochter nicht vertrauen kann. Was sollen wir denn nur tun?" Meine Tochter war sehr überrascht über meine Tränen. Sie hatte erlebt, wie wir ihr gedroht, sie getadelt und gezüchtigt hatten, aber nie hatte sie uns darüber weinen sehen. Ihr kleines Gesicht verzog sich vor Schmerz, und ich konnte sehen, daß sie zum erstenmal verstand, daß ihre Sünde mich und unsere Beziehung verletzte. Ich sagte dann nichts mehr, und wir verabredeten uns nach der Schule in meinem Büro.

Sally und ich warteten schon auf sie, als sie von der Schule nach Hause kam. Ich wiederholte meine Frage: „Misha, was sollen wir nur tun?" Da kam sie zu mir herüber und fing an zu weinen. „Papa, was kann ich nur tun, damit du mir wieder vertraust?" Sie schlang ihre Arme um mich und seufzte, „Papa, es tut mir leid. Bitte vergib mir. Ich möchte dir nicht wehtun." Sally und ich fingen an, mit ihr zusammen zu weinen, und ich sagte: „Misha, wir vergeben dir!" Nach diesen Worten war die Situation verändert. Ich begann wieder, in meinem Herzen Vertrauen zu Misha zu haben. Es war nicht das erste Mal, daß sie sich für eine Lüge entschuldigt hatte, aber ich wußte, daß sie diesmal eine Offenbarung gehabt hatte, wie sehr mich ihre Sünde verletzte. In ihrem sechs Jahre alten Herzen tat sie damals aufrichtig Buße. Ich vergab ihr, und das Vertrauen war wiederhergestellt. Von diesem Zeitpunkt an war das Verhaltensmuster der Lüge in ihrem Leben gebrochen.

Ich möchte dich herausfordern, Gott an dieser Stelle sehr ernst zu nehmen. Es ist absolut wichtig, sich für ihn Zeit zu nehmen – mindestens einen Nachmittag oder einen Abend – um ihn zu bitten, dir dein Herz aus seiner Perspektive zu zeigen. Ein Gebet wie das folgende kann dir dabei helfen:

„Lieber Herr Jesus,
ich kann die Motive meines Herzens nicht wirklich erkennen und verstehen. Ich brauche dich dringend, um mir eine Offenbarung meines Herzens zu geben, so wie du es siehst. Ich bitte dich, Herr Jesus: Komm durch deinen Heiligen Geist und zeige mir die Dinge in meinem Herzen, die dir wehtun und die dir mißfallen. Zeige mir jede Wurzel von Stolz und Unabhängigkeitsstreben; zeige mir wie sich meine Sündennatur auswirkt. Zeige mir mein Herz, so wie du es siehst. Ich muß erkennen, wie sehr das dich und andere verletzt.
Schütze mich vor Gefühlen von Selbstverdammnis und vor Introspektion. Ich bitte, daß dies alles ein Werk deines Geistes ist, nicht nur einfach eine Sache der Selbstbeschau. Laß mich deinen Charakter, deine Heiligkeit und deine Größe sehen.
Zeige mir, daß deine Liebe zu mir ein Ausdruck deiner Heiligkeit ist. Zeige mir, wie sehr du dir wünschst, daß ich nichts tue, was dich betrübt.
Danke, daß du am Kreuz für mich gestorben bist, um mich von der Sünde zu befreien, und daß du für mich fürbittend eintrittst, damit ich ein Leben führe, das dir gefällt. In Jesu Namen. Amen."

Ich kann mich noch gut an Don erinnern, den Jugendleiter der Gemeinde, in der mein Vater Pastor war. Er hat sich mehrere Tage Zeit genommen, um zu beten und Gott zu bitten, ihm den Zustand seines Herzens zu offenbaren. Am zweiten Abend um elf Uhr nachts klopfte es laut an die Tür meines Vaters. Don stand da und weinte. „Pastor McClung, bitte beten Sie mit mir! Gott hat mir gezeigt, wie verabscheuenswert mein Herz ist!" Mein Vater verbrachte an diesem Abend eine lange Zeit mit ihm im Gebet. Das Ergebnis war, daß sich im darauffolgenden Monat Dons gesamte Lebenseinstellung änderte.

Er fing an, sich viel mehr um andere Menschen zu kümmern, und entwickelte einen Eifer, Leute zum Herrn zu führen. Für uns alle war es ganz offensichtlich, daß Don seine Zeit nicht nur in persönlicher Betrachtung und Introspektion verbracht hatte, sondern daß er wirklich Gott begegnet war.

Jeder von uns muß seine Sünde aus der Sicht Gottes sehen lernen, aber wir müssen dann noch einen Schritt weitergehen. Wir müssen den Sieg und die Freude in Anspruch nehmen, die aus der Überwindung der Sünde erwachsen. In einem Zustand von Überführung zu bleiben, nachdem unsere Herzen offengelegt wurden, bedeutet, das eigentliche Ziel dieser Offenbarung zu verfehlen – nämlich Buße zu tun und in ein siegreiches Leben einzutreten. Nachdem dir Gott seinen Schmerz und Kummer über die Sünde gezeigt hat, bitte ihn um Vergebung und empfange sie im Glauben; nimm dir dabei vor, dich von den Dingen abzuwenden, die den Herrn betrübt haben.

Und wenn du wieder sündigst, dann komme wieder zum Herrn zurück. Wenn du Gedanken hast wie „Ich habe versagt, ich werde es nie schaffen, ich bin ja doch nur ein Heuchler" – dann kannst du ihnen grundsätzlich zustimmen! Aber akzeptiere nicht die Lüge, daß es keine Hoffnung gibt. Kehre jedesmal zum Herrn zurück, wenn du versagt hast. *Laß dich von deiner Schwachheit zu Jesus treiben, dann wird in deinem Herzen eine viel größere Abhängigkeit von ihm wachsen.*

Der Feind möchte unser Versagen benutzen, um uns von Gott fernzuhalten. Glaube seinen Lügen nicht! Für mich ist es hilfreich, dem Feind oder mir selbst zu antworten (wer immer es ist, der sagt: „Du hast Mist gebaut!"): „Recht hast du, und ich übernehme die Verantwortung dafür. Ich habe wieder versagt, aber ich bringe es zu Jesus. Herr, die Sache tut mir leid. Bitte vergib mir. Das Ganze entmutigt mich wirklich, aber ich lasse es nicht zu, daß diese Sache zwischen dich und mich tritt. Herr, ich entscheide mich zur Aufrichtigkeit, auch wenn ich mir wie ein schrecklicher Versager vorkomme. Du bist der einzige, der mir wirklich helfen und vergeben kann. Ich empfange deine Vergebung aufgrund deiner Verheißung, daß du mir jedesmal vergibst, wenn ich zu dir komme und meine Sünde bekenne. Danke, Herr Jesus."

Die Verheißung der Vergebung findet sich in 1. Johannes 1,9: „Wenn wir unsere Sünden bekennen, ist er treu und gerecht; er vergibt uns die Sünden und reinigt uns von allem Unrecht." Ich empfehle dir, diesen Vers jetzt auswendig zu lernen, falls du das noch nicht getan hast.

Die Frucht der Buße

Es gibt Zeiten, in denen es uns Gott aufs Herz legt, zu den Leuten hinzugehen, an denen wir schuldig geworden sind, ihnen die Sünde zu bekennen und sie um Vergebung zu bitten. Vielleicht verlangt er von uns auch Wiedergutmachung ihnen gegenüber. Manchmal liegt es vielleicht nicht auf der Hand, zu wem wir gehen sollen, so daß wir sorgfältig auf die Stimme des Geistes hören müssen. Als allgemeine Regel jedoch sollte man zu den Leuten gehen, die direkt von unserer Sünde betroffen sind. Wenn die Sünde zwischen dir und Gott stattfand, dann wende dich an ihn im Gebet. Wenn du eine schlechte Haltung in der Arbeit hattest, dann geh zu deinem Chef oder den Mitarbeitern, die direkt davon betroffen waren. Wenn du andererseits unreine Gedanken in bezug auf eine andere Person hattest und das dieser nicht bewußt war, dann geht die Sache nur dich und Gott etwas an. Zu der betroffenen Person hinzugehen und die Sünde zu bekennen könnte in diesem Fall der Person und der Beziehung nur unnötigen Schaden zufügen.

Echte Buße liegt also vor, wenn wir sehen, welchen Schmerz unsere Sünde dem Herzen Gottes zugefügt hat, und wenn wir uns entschließen, diese Sünde nicht zu wiederholen, selbst wenn wir uns in den gleichen Umständen befinden sollten. Das Motiv für diesen Entschluß aber sollte nicht das Leid sein, das uns aus unserer Sünde entsteht, sondern das Leid, das Gott dadurch zugefügt wird.

KAPITEL 3

Jesus an die erste Stelle setzen

Nimm einmal an, ich hätte meiner zukünftigen Frau einen Brief geschrieben, um sie zu bitten, mich zu heiraten. Und nun stell Dir vor, sie hätte mir darauf folgende Antwort gegeben:

„Lieber Floyd,
ich würde Dich sehr gerne heiraten. Das wäre einfach traumhaft! Danke. Es gibt aber noch ein paar Kleinigkeiten, die Du wissen solltest. Ich habe noch ein paar andere Männer als Freunde – zehn, um genau zu sein. Die meisten bedeuten mir nicht viel, aber Fred und Dennis würde ich gerne behalten. Ich muß ja echt verliebt sein – noch nie war ich bereit gewesen, so viele meiner Freunde aufzugeben! Mama sagt, Du kannst Dich echt glücklich schätzen!
Zweitens: Denkst Du nicht, daß McClung ein eigenartiger Name ist? Ich weiß nicht, wie Du es mit diesem Namen aushalten kannst. Mir wäre es echt peinlich, wenn ich ihn tragen müßte. Ich behalte lieber meinen eigenen Namen, der ist viel schöner.
Es gibt noch eine letzte Sache. Ich nehme Deinen Heiratsantrag an, unter der Bedingung, daß ich in Texas bleibe und bei meinen Eltern wohnen kann. Ich liebe sie sehr. Sie haben so viel für mich getan, daß es mir nicht im Traum einfallen würde, sie zu verlassen. Du würdest sie sicher auch nicht verletzen wollen, oder?

Du kannst aber natürlich jederzeit vorbeikommen, wenn Du möchtest. Ich bin sicher, Du verstehst das. Ich freue mich schon darauf, wenn wir unseren Hochzeitstermin festlegen werden!

Auf ewig die Deine in unsterblicher Liebe und Hingabe,

Sally"

Wäre das die Antwort auf meinen Heiratsantrag gewesen, so hätte ich Sally nie geheiratet. Keiner hätte das an meiner Stelle getan! Als ich Sally bat, meine Frau zu werden, erwartete ich, daß sie alles andere um meinetwillen zurückstellen würde; ich hätte das gleiche für sie getan. Das ist das Kernstück bei einer Ehe: sich mit ganzem Herzen an eine andere Person zu binden. Wir würden uns betrogen fühlen, sollte unser Partner irgendeine andere Art von Beziehung im Sinn haben.

Wie fühlt sich wohl Gott, wenn wir zu ihm sagen: "Herr, ich liebe dich so sehr, daß ich alles andere in meinem Leben aufgeben werde, außer Johnny" – oder Susi, die Stereoanlage, das Auto, meine Arbeitsstelle oder was mir sonst wichtig ist? Oder: "Ich will dir dienen, aber sende mich bitte nicht in die Mission. Das könnte ich meiner Familie nicht antun!"

In Jakobus 1,7–8 heißt es, daß ein zwiespältiger Mann unbeständig ist in allen seinen Wegen. Zwiespältiges Denken führt zu Frustration und untergräbt die Kraft, die Gott uns schenken möchte. Gott wünscht sich, seinen Geist in unser Leben ausgießen zu können und uns die Motivation und Fähigkeit für richtige Entscheidungen geben zu können. Er verlangt von uns nicht ein bestimmtes Maß an Reife oder intellektuellen Fähigkeiten als Voraussetzunge dafür, auch nicht die Anerkennung unserer Altersgenossen. Alles, was er möchte, ist eine vollständige, unwandelbare Hingabe an ihn.

Diese vollständige Hingabe scheint am Sonntagmorgen in der Kirche leicht zu sein. Aber Jesus an die erste Stelle zu setzen, ist etwas, was in unserem täglichen Leben praktiziert werden muß. Es muß angesichts eines ständigen Anpassungsdrucks an den Geist dieser Welt gelebt werden. Dieser Druck kommt aus vielen verschiedenen Quellen: von Freunden, Bekannten, Schul- oder Arbeitskollegen, den Medien usw. Aber Jesus möchte uns die Kraft geben, diesem Druck widerstehen zu können, damit wir unser Leben zu seiner Ehre führen.

Paulus spricht davon, wenn er sagt: „Ihr wißt doch: Wenn ihr euch als Sklaven zum Gehorsam verpflichtet, dann seid ihr Sklaven dessen, dem ihr gehorchen müßt; ihr seid entweder Sklaven der Sünde, die zum Tode führt, oder des Gehorsams, der zur Gerechtigkeit führt" (Römer 6,16). Er macht deutlich, daß jeder von uns irgend jemandes Sklave ist! Einige von uns sind „Liebessklaven", andere „Sklaven der Sünde". Wem dienen wir wirklich? Wir können nicht zwei Herren dienen!

Paulus fährt dann fort: „Gott aber sei Dank; denn ihr wart Sklaven der Sünde, seid jedoch von Herzen der Lehre gehorsam geworden, an die ihr übergeben wurdet" (Vers 17). So sind wir jetzt frei geworden, nachdem wir einst Sklaven unserer Wünsche, Leidenschaften, Ängste und Verletzungen waren. Wir brauchen nicht länger versklavt zu sein unter die Dinge, die uns einst gefangenhielten.

Du kannst von der Macht der Sünde frei werden! Das kostet allerdings seinen Preis. Jesus erzählte ein Gleichnis von einem Mann, der anfing, einen Turm zu bauen, aber nicht genug Geld hatte, um ihn fertigzustellen. Er hätte sich besser vorher hinsetzen sollen, um die Kosten zu überschlagen. Das hätte ihm viel Mühen und Peinlichkeiten erspart. „Darum kann keiner von euch mein Jünger sein", sagt Jesus, „wenn er nicht auf seinen ganzen Besitz verzichtet" (Lukas 14,33). Jeder Christ muß innehalten und die Kosten überschlagen, wenn er Gott an die erste Stelle seines Lebens setzen will. Wenn wir zu solch einer vollständigen Hingabe nicht bereit sind, dann müssen wir uns damit abfinden, daß wir nie ein siegreiches Christenleben führen und daran Freude haben können.

Es wird berichtet, daß der große amerikanische Evangelist Charles Finney sich geweigert habe, für Leute zu beten, die ihr Leben Gott geben wollten. Manchmal bettelten die Leute darum, aber er weigerte sich standhaft, da sie mehr Zeit bräuchten, um vor Gott Buße zu tun und sich den Ernst ihrer Bekehrung bewußt zu machen. Nach heutigen Maßstäben wirkt das vielleicht hart, aber das Ergebnis von Finneys Praxis war eine hohe Zahl von Bekehrten, die ihr ganzes Leben voller Eifer für den Herrn lebten. Der Grund für diese Erfolgsquote war, daß er alles tat, um sich einer umfassenden Buße zu versichern. Manchmal frage ich mich, ob nicht viele Christen heute deshalb so leicht wieder von Gott abfallen, weil wir es ihnen durch eine Bekehrung ohne Buße und Entsagung zu leicht gemacht haben.

KAPITEL 4

Der endgültige Sieg

Herr über alles – oder nichts

Jesus muß Herr unseres ganzen Lebens sein, oder er ist überhaupt nicht Herr! Das bedeutet nicht, daß wir vollkommen sein müßten, um Jesus Christus als unseren Erlöser anzunehmen. Es heißt auch nicht, daß wir den Rest unseres Lebens sündlos verbringen müßten, oder daß wir nicht mehr darum zu ringen hätten, bestimmte Dinge Gott abzugeben. Die meisten von uns sind zum Beispiel emotional an bestimmte Dinge im Leben gebunden: Essen, Freunde, Arbeitsstelle oder Lebensstil. Diese Dinge geben uns ein Gefühl von Sicherheit, Identität und Sinn. Es braucht Zeit, bis die Offenbarung des Heiligen Geistes in unser Herz eindringt, und wir erkennen, daß unsere Identität und Sicherheit in Gott liegen müssen. Jesus als persönlichen Herrn anzunehmen bedeutet nicht, daß es nicht einen Prozeß geben wird, in dem wir darum ringen, ihn auch wirklich an die erste Stelle zu setzen. Es bedeutet, daß wir nach bestem Wissen alles ihm unterordnen und daß wir in ihm, nicht Menschen oder Dingen, die Quelle unserer Sicherheit suchen. Es erfordert, daß wir uns zu 100 Prozent darauf verpflichten, für ihn zu leben, so gut wir es nur verstehen.

Das heißt auch, daß unser Verständnis dafür wachsen wird, was es bedeutet, Jesus zum Herrn unseres Lebens zu machen. Wir werden immer mehr verstehen, was dies in den verschiedenen Bereichen des Lebens meint. Wir brauchen nicht entsetzt sein, daß wir immer wieder über Sünde Buße tun müssen. Jesus zum Herrn unseres Lebens zu machen bedeutet auch, daß wir nichts absichtlich zurückhalten. Wir müssen ihn in unser Herz aufnehmen und ihn dort auf dem Thron sitzen lassen. Er wird sich als ein gütiger Herrscher erweisen. Es sollte klar sein, daß er der einzige im ganzen Universum ist, der qualifiziert ist, diesen Platz einzunehmen! Aufgrund seines Charakters und seiner Tat am Kreuz hat er das Recht erworben, in unserem Leben so absolut zu herrschen.

Im Herzen eines jeden gibt es ein Kreuz und einen Thron. Wenn wir selbst auf dem Thron unseres Lebens sitzen, dann ist Jesus praktisch tot in uns. Es zeigt, daß wir ihn nicht eingeladen haben, in seiner Auferstehungskraft über zu herrschen. Wenn wir aber vom Thron herabsteigen, das Kreuz nehmen (d. h. für unseren Drang, unser Leben selbst zu beherrschen, sterben) und Jesus bitten, den Thron einzunehmen und in unserem Herz zu herrschen, dann haben wir Jesus zum Herrn unseres Lebens gemacht (Römer 8,9–17).

Es gibt viel zu viele Menschen, die sich Christen nennen und alle Segnungen des Christseins wollen, wie Vergebung, Heilung, Hoffnung, ewiges Leben etc. Zugleich aber sind sie nicht bereit, den Preis dafür zu bezahlen. Dieser Preis ist, dem eigenen Willen abzusterben und Jesus herrschen zu lassen. Jesus wird unseren Willen nicht brechen, aber er will ihn kreuzigen. Wir müssen unseren Willen dem seinen unterordnen, seinen Willen über unseren stellen. Dabei sterben wir uns selbst ab in dem Sinn, daß wir nicht mehr darauf bestehen, für unsere eigenen Vorstellungen zu leben. Jetzt stellen wir seinen Charakter und seinen Willen über den unseren.

Wenn wir mit Gott um den Preis unserer Hingabe feilschen wollen, werden wir das Herz des Evangeliums zerstören; es verliert dann seine Kraft in unserem Leben. Es kann keinen Kompromiß geben, wenn es darum geht, Jesus zum Herrn unseres Lebens zu machen. Entweder ist er Herr über alles oder über nichts. Er will König sein in jeder Dimension unseres Lebens: Familie, Freunde, Arbeit, wirtschaftliche Sicherheit, Zukunftspläne, Hobbies, Freizeit, Lebensstil und Lebensumstände. Alles muß sich seiner Herrschaft unterordnen.

Vielleicht sagst du: „Ich mache das schon ganz gut. Ich habe die meisten Gebiete schon dem Herrn gegeben, ich halte nur noch ein oder zwei zurück." Ich will dich nicht schockieren, aber das reicht nicht! Jesus möchte nicht 51 Prozent oder auch 98 Prozent Herrschaft über unser Leben. Er möchte alles!

Stelle dir dein Leben wie das folgende Bild vor:

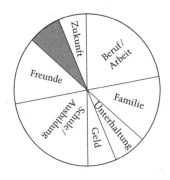

Vielleicht sagst du: „Ich habe Gott alles gegeben, außer…" Gibt es diesen einen Bereich, den du immer noch vor ihm zurückhältst? Wenn das so ist, dann schreibst du Gott vor, welchen Teil deines Lebens er haben darf. Selbst wenn wir ihm die Kontrolle über 90 Prozent unseres Lebens eingeräumt haben, machen wir doch damit klar, daß in Wirklichkeit *wir* auf dem Thron unseres Lebens sitzen und wir Gott mitteilen, welche Teile unseres

Lebens wir ihm geben wollen! Das kann niemals gutgehen.

Wenn wir mit Gott verhandeln, haben wir noch gar nicht verstanden, was es heißt, ein echter Christ zu sein. Eine der Hauptgründe, warum überzeugte Christen keinen Sieg über die Sünde haben, ist die Tatsache, daß sie mit dem Schöpfer des Universums einen Handel abschließen wollen. Ich will es noch einmal betonen: Er möchte nicht 10 Prozent, nicht 51 Prozent und auch nicht 98 Prozent deines Lebens, sondern alles.

Es ist möglich, sich „Christ" zu nennen, gute Dinge für Jesus zu tun und doch nach dem Tod in die Hölle zu kommen. Die Bibel sagt nämlich in Matthäus 7,21:

> „Nicht jeder, der zu mir sagt: Herr! Herr!, wird in das Himmelreich kommen, sondern nur, wer den Willen meines Vaters im Himmel erfüllt."

Du kannst nicht zwei Herren gleichzeitig dienen

Es ist nicht nur eine Zumutung für den Schöpfer des Alls, ihm weniger als die absolute Herrschaft über unser Leben einzuräumen, es ist zugleich auch verrückt. Das Dümmste, was ein Mensch tun kann, ist es, den unendlich weisen, unendlich liebevollen, absolut reinen, heiligen, gerechten, vergebenden und barmherzigen Schöpfer des Universums und seinen gerechten Anspruch auf uns, seine Schöpfung, zurückzuweisen.

Stell dir vor, jemand geht zu einer Party und wird dabei von einem Freund zu einem Bier eingeladen. Da er selbst schon den Gedanken hatte, Zeit mit seinem Freund zu verbringen, nimmt er die Einladung an und verabredet sich mit ihm nach Ende der Party.

Kurz danach trifft er einen anderen Freund, der ihm

gerne seine neue Wohnung zeigen möchte. Er denkt sich: „Warum nicht? Ich würde sie gerne mal kennenlernen." Und sagt zu seinem Freund: „Gut. Wir treffen uns draußen, wenn die Party vorbei ist!"

Als die Party zu Ende ist, und er nach draußen geht, warten seine beiden Freunde schon auf ihn. Beide haben ihren Wagen Seite an Seite geparkt, wollen aber in die entgegengesetzte Richtung fahren. Er will mit beiden mitkommen und setzt deshalb das eine Bein in den ersten Wagen, das andere in den zweiten und ruft: „Los geht's!"

Seine beiden Freunde fahren los, und prompt liegt er der Länge nach auf der Straße. Psychologen nennen das „Frustration". Sie entsteht, wenn man sich gleichzeitig entgegengesetzte Ziele steckt. Ich möchte dir deutlich machen, daß jeder, der gleichzeitig für sich selbst und für Gott leben möchte, der also versucht, geistlich zwei Herren zur gleichen Zeit zu dienen, schwere Frustrationen erleben wird! Es kann keinen Sieg im Leben eines Christen geben, der gleichzeitig für sich selbst und für Gott leben will! Wir müssen Jesus zum Herrn über alles machen!

Ich möchte noch einmal unterstreichen, daß das nicht bedeutet, daß unser Leben ohne Sünde verlaufen wird; wir werden auch nie einen Zustand absoluter Vollkommenheit erreichen. Was es aber bedeutet, ist, daß wir nach bestem Wissen und Gewissen das leben, was Gott von uns möchte. Dieses Wissen wird wachsen, wenn wir sein Wort studieren und Lehre empfangen. Und im gleichen Maß, wie unser Verständnis wächst, müssen wir auch in der Praxis immer wieder neu den Schritt tun und es ihm erlauben, Herr über alle Bereiche unseres Lebens zu sein. Unsere Beziehung mit Gott sollte Wachstum und Dynamik zeigen. Seine Herrschaft ist ständig im Wachstum begriffen, und wir werden mit der Zeit die volle Bedeutung dessen verstehen, was es heißt, ihn zum Herrn über unser ganzes Leben zu machen.

Jesus zum Herrn zu machen, bedeutet auch, daß die Motivation für unsere Entscheidungen frei ist von Selbstsucht. Jede unserer Entscheidungen liegt dabei auf einer von drei unterschiedlichen Ebenen.

1. Routineentscheidungen. Das sind die normalen alltäglichen Entscheidungen in der Familie, in der Ausbildung und im Beruf. Sie reichen von der Farbe unserer Kleider bis hin zu dem, was wir essen und welche Zeitungen wir lesen.

2. Größere Entscheidungen. Das sind solche Entscheidungen, die unser Leben in sehr starkem Maß beeinflussen. Wen soll ich heiraten? Soll ich in eine andere Stadt umziehen? An welche Universität soll ich gehen? Wir treffen solche Entscheidungen nicht so häufig, dafür haben sie aber einen großen Einfluß auf unser Leben.

3. Die Grundentscheidung. Diese Entscheidung kann man mehr als einmal treffen, aber sie hat immer nur einen Inhalt: ob wir unser Leben für Gott leben wollen oder nicht.

Es ist möglich, auf den ersten beiden Ebenen Entscheidungen für Gott zu treffen, aber auf der dritten Ebene weiterhin nur für sich selbst zu leben. Wir können uns das folgendermaßen vorstellen:

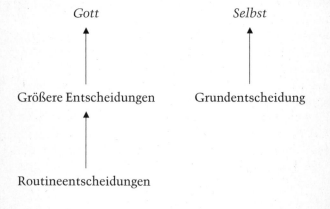

Wir können uns beispielsweise entscheiden, zur Kirche zu gehen, Kirchenmitglieder zu sein, Geld zu spenden, im Kirchenchor mitzusingen oder andere tolle und wichtige Dinge für Gott zu tun; wenn aber unsere Grundmotivation dabei ist, uns selbst zufrieden zu stellen oder andere zu beeindrucken, wenn wir das also alles aus Selbstsucht heraus tun, dann leben wir nur in einem Zustand besserer Heuchelei. Das Ergebnis ist, daß wir dann „gute Werke" tun und Menschen sind, wie sie in Matthäus 7 beschrieben werden; Menschen, die im Grunde ihres Wesens für Gott leben sind wir dann allerdings nicht. Es ist deshalb sehr wichtig, Jesus aus dem Grund zum Herrn zu haben, weil wir ihm Freude bereiten möchten, nicht, um etwas von ihm zu bekommen. Um das zu erreichen, müssen wir ihm unsere Arbeit, unsere Familie, unsere Beziehungen, kurzum alles geben.

Das Motiv, Jesus zum Herrn unseres Lebens zu machen, darf nicht darin liegen, in den Himmel zu kommen, Gott mit unserem geistlichen Wesen zu beeindrucken, oder ihn dazu bringen zu wollen, daß er uns liebt. Jesus will, daß wir ihn als Herrn wählen, weil wir verstehen, wer er ist, was er für uns am Kreuz vollbracht hat, und daß wir unser Leben nie ohne ihn führen können. Er will, daß wir diese Entscheidung aus selbstlosen Motiven treffen, daß wir ihm Freude bereiten wollen und nicht nur auf den Nutzen schielen, den wir daraus ziehen.

Ist dir bewußt geworden, während du diese Kapitel gelesen hast, daß es Dinge gibt, die du vor Jesus zurückhältst? Gibt es Bereiche deines Lebens, die du nicht seiner Herrschaft unterstellt hast? Vielleicht hast du, wie andere gläubige Christen, die überraschende Entdeckung gemacht, daß du dein ganzes Leben lang religiös motivierte gute Werke getan hast, daß aber die Gründe dafür überwältigend selbstsüchtig waren? Wenn du derartiges beim Lesen dieses Kapitels entdeckt hast, dann gibt es nur eine angemessene Antwort darauf. Ich möchte dir Mut machen, dich vor Jesus zu beugen, zu bekennen, daß du ihn brauchst, ihn zu bitten, dir deine Selbstsucht zu vergeben und die Entscheidung zu treffen, ihn zum Herrn deines Lebens zu machen. Empfange dann im Glauben die Vergebung deiner Sünden. Vielleicht möchtest du dir Zeit nehmen, zu durchdenken, was das alles bedeutet. Wenn du die Entscheidung triffst, dann tue das in dem Bewußtsein, daß Jesus dich tief liebt und nur das Beste für dein Leben möchte. Sein Wunsch, Herr deines Lebens zu sein, stammt aus seiner Liebe und seiner Hingabe an dich. Er möchte eine Beziehung mit dir haben, die dich freisetzt, das zu sein, wozu du erschaffen worden bist.

Wenn wir Jesus die erste Stelle in unserem Leben geben, setzen wir die Macht des Schöpfers frei, in uns zu leben. Der auferstandene, unendliche, allmächtige Schöpfer kommt, um in uns zu leben. Darin verheißt er uns den endgültigen Sieg über die Sünde!

Es ist keine Kleinigkeit, wenn du Jesus einlädst, dein Herr und Erlöser zu sein. Als Geschöpfe erkennen wir an, daß wir vom Schöpfer geschaffen sind. Wir laden den Allmächtigen ein, Wohnung in unseren Herzen zu nehmen. Wo das geschieht, verpflichtet er sich zur Hingabe an uns. So geben nicht nur wir uns an ihn hin, sondern er tut das gleiche uns gegenüber. Dabei sagt er: „Ich garantiere den endgültigen Sieg. Ich werde über dir wachen und mit dir gehen. So lange du dich mir unterordnest, werde ich deinen Sieg über die Sünde und deine ewige Gemeinschaft mit mir sicherstellen."

Die größte Motivation für ein siegreiches Leben als Christ ist die Gewißheit, daß Jesus in uns lebt und seine Gnade größer ist als jede Versuchung, in der wir je stehen können. Er ist mehr als wir selbst daran interessiert, daß wir die Sünde überwinden!

In Römer 8,31–39 lesen wir:

Was ergibt sich nun, wenn wir das alles bedenken? Ist Gott für uns, wer ist dann gegen uns? Er hat seinen eigenen Sohn nicht verschont, sondern ihn für uns alle hingegeben – wie sollte er uns mit ihm nicht alles schenken? Wer kann die Auserwählten Gottes anklagen? Gott ist es, der gerecht macht. Wer kann sie verurteilen? Christus Jesus, der gestorben ist, mehr noch: der auferweckt worden ist, sitzt zur Rechten Gottes und tritt für uns ein. Was kann uns scheiden von der Liebe Christi? Bedrängnis oder Not oder Verfolgung, Hunger oder Kälte, Gefahr oder Schwert? In der Schrift steht: Um deinetwillen sind wir den ganzen Tag dem Tod ausgesetzt; wir werden behandelt wie Schafe, die man zum Schlachten bestimmt hat. Doch in dem allen überwinden wir weit durch den, der uns geliebt hat. Denn ich bin gewiß: Weder Tod noch Leben, weder Engel noch Mächte, weder Gegenwärtiges noch Zukünftiges, weder Gewalten der Höhe oder Tiefe noch irgendeine andere Kreatur können uns scheiden von der Liebe Gottes, die in Christus Jesus ist, unserem Herrn.

Ich kann mich daran erinnern, wie ich mit Corrie ten Boom über diesen Text gesprochen habe. Sie hat vor allem die Wichtigkeit von Vers 37 betont. Es hat sich mir tief eingeprägt, wie sie mich ansah und meinte: „Floyd, die Worte ‚all das' bedeuten genau das: sie beschreiben das Ausmaß unseres Sieges." Ich war bewegt, als ich die Verheißung Gottes verstand, daß wir in *allem*, dem wir im Leben begegnen, weit überwinden werden. Alles heißt wirklich alles. Alle Dinge meinen alle Dinge. Das ist seine Verheißung.

Was ist die Quelle dieses Sieges? Es ist „durch den, der uns geliebt hat". Es geht hier nicht um ein Christentum aus eigener Willenskraft, um positives Denken oder um eine „Zieh dich selbst an den Haaren aus dem Sumpf"-Mentalität. Worum es geht ist, daß Jesus Christus die Quelle des Sieges über die Sünde ist. Er verheißt uns nicht nur, daß wir siegreich sein werden, sondern noch weit mehr als das.

Das heißt nicht, daß wir keine Probleme mehr haben werden. Tatsächlich heißt es ja „in dem allen", nicht über oder außerhalb davon. Mit anderen Worten: wir müssen uns Verfolgung, Mühsal, Not, Streß, Gefahren, Schwert, Tod, Mächten und Gewalten stellen. Aber wenn wir unser Leben der Herrschaft Jesu unterstellt haben, dann wird er uns den Sieg geben. In Epheser 1,4 heißt es:

> „Denn in ihm hat er uns erwählt vor der Erschaffung der Welt, damit wir heilig und untadelig leben vor Gott."

Es ist Gottes Wille, daß wir heilig und untadelig leben! Es ist Gottes Wille, daß wir die Sünde überwinden. Wenn wir uns ihm unterordnen, wird er mit seinem Geist kommen und uns helfen, seinen Willen zu tun. Paulus fährt dann im Vers 7 des ersten Kapitels im Epheserbrief fort:

> „Durch sein Blut haben wir die Erlösung, die Vergebung der Sünden nach dem Reichtum seiner Gnade."

Etwas später heißt es dann, daß er uns zur Hoffnung und zu einem herrlichen Erbe berufen hat. Das schließt ein den Zugang zu Gottes großer Macht und das Vorrecht mit ein, in Christus zu sein, der über alle Mächte und Gewalten herrscht. Wenn wir in Christus bleiben, d. h. wenn wir uns ihm nach bestem Wissen und Gewissen völlig unterordnen, wird uns Gott zusammen mit Christus groß machen und uns die Macht geben, die Sünde zu überwinden. Solltest du daran zweifeln, dann laß dich ermutigen, Epheser 1 zu lesen und jeden Vers dabei laut „auszubeten". Nimm jeden Vers ganz für dich persönlich. Knie dich hin, nimm deine Bibel und sprich die Worte laut aus. Sprich sie aus als Verheißungen, die dir ganz persönlich gelten. Sage zum Herrn: „Herr, ich beanspruche deine Verheißung in Epheser 1,5, daß du mich ‚aus Liebe im voraus dazu bestimmt hast, dein Sohn zu werden durch Jesus Christus, und daß ich durch sein Blut die Erlösung habe, die Vergebung der Sünden nach dem Reichtum deiner Gnade'."

Die Schrift in dieser Weise persönlich zu nehmen, hilft, sie realer werden zu lassen. Manchmal fällt man leicht dem Gefühl zum Opfer, daß Gott uns klein halten möchte und das Christentum nur aus einer Reihe von Verboten besteht. Wenn du die Worte des Paulus in Epheser 1 liest, dann wird dir deutlich werden, daß Gott nicht gegen, sondern für uns ist. Er möchte unser Bestes. Wir müssen auf seine Liebe dadurch reagieren, daß wir Jesus zum Herrn über unser ganzes Leben machen. Ihn als Herrn anzusehen, garantiert uns den Sieg. Nicht weil *wir* die Entscheidung getroffen haben, ihn zum Herrn zu machen, sondern weil *er der Herr ist!*

Stolz kann ein Haupthindernis für diesen Schritt sein und die Erfahrung echter Buße verhindern. Anstatt daß wir Gottes Gnade umsonst empfangen, geraten wir leicht in die Haltung, sie uns verdienen zu wollen. Wir fangen an, so zu denken: „Wenn ich einmal soweit bin, daß ich drei Stunden am Tag bete, dann fühle ich mich als ein wirklich guter Christ." Aber Gott wartet gar nicht darauf, daß wir ein bestimmtes Niveau erreichen, damit er uns dann helfen kann. Er möchte uns so, wie wir sind! Vielleicht will er, daß wir mehr beten, als wir das zur Zeit tun, aber er möchte auch, daß wir dort anfangen, wo wir gerade stehen. Keinesfalls dürfen wir denken, daß er uns mehr liebt, wenn wir mehr für ihn tun.

Dieser Punkt wird nirgends deutlicher als bei einer Begebenheit, die sich vor einigen Jahren in einer Gemeinde in Kalifornien zutrug. Aufgrund des Flüchtlingsstroms aus Vietnam, der damals in die USA kam, entschloß sich die Gemeinde, eine Reihe von Flüchtlingsfamilien zu unterstützen. Nun haben aber Asiaten ein Wertesystem, das sich von dem unserer westlichen Kultur sehr unterscheidet. Das führte zu einigen Mißverständnissen. Eines der häufigsten trat auf, wenn man versuchte, den Flüchtlingen beizubringen, daß ihnen aus der Unterstützung der Gemeinde keinerlei Verpflichtungen erwuchsen. Einige von ihnen fühlten sich so stark in der Schuld ihrer Sponsoren, daß sie aus Scham sie nicht einmal sehen wollten. Für die Leute, die mit asiatischen Denken nicht vertraut waren, sah das wie Undankbarkeit aus. In Wahrheit aber erkannten die Flüchtlinge, daß es für sie keine Möglichkeit gab, ihren Unterstützern etwas Gleichwertiges zurückzugeben; deshalb war es ihnen peinlich, sie zu treffen. Einige zogen deshalb sogar aus der Gegend weg.

Das Ganze war zu einer Tragödie geworden. Alles was die Leute in der Gemeinde tun wollten, war, sich darum zu kümmern, daß die Flüchtlinge ein neues Heim finden konnten. Statt dessen hatten diese das Gefühl bekommen, sie müßten eine unüberwindliche Schuld abtragen. Die Unterstützer aber hatten aus Liebe heraus geholfen, um Freiheit zu bringen, nicht um das Gefühl hervorzurufen, schwer verschuldet zu sein.

Ich denke mir, Gott geht es oft wie diesen Sponsoren, wenn wir versuchen, die Gnade und die Freiheit zu verdienen, die er uns geben möchte. Wir können seine Gnade nicht verdienen. Er möchte, daß wir sie umsonst empfangen und in unserem Leben zur Wirkung kommen lassen, damit wir täglich Freude an unserem Leben als Christen haben.

Wenn wir das tun, empfangen wir die Gnade und die Kraft des allmächtigen Gottes, um die Sünde in unserem Leben zu überwinden. Wir empfangen den endgültigen, sicheren Sieg, der unser ist durch Jesus Christus, seinen Tod und seine Auferstehung.

KAPITEL 5

Im Licht wandeln

Johannes hat geschrieben: „Wenn wir aber im Licht wandeln, wie er im Licht ist, so haben wir Gemeinschaft untereinander, und das Blut Jesu, seines Sohnes, macht uns rein von aller Sünde." (1. Johannes 1,7). Heutzutage singen wir Lieder über diesen „Wandel im Licht" und drucken diese Aussage auf Poster, Serviettenhalter oder T-Shirts. Trotz der weiten Verbreitung dieses Begriffs in der heutigen christlichen Pop-Kultur frage ich mich, ob viele von uns wissen, was mit diesem „Wandel im Licht" wirklich gemeint ist.

Der Ausdruck hat einen sehr geistlichen Klang, aber zugleich auch eine sehr praktische, diesseitige Bedeutung. Er bedeutet, in Ehrlichkeit und Aufrichtigkeit zu leben, so daß die Gedanken und Wünsche unseres Herzens vor Gott wie Menschen bekannt sind.

Stell dir einmal vor, der Erzengel Gabriel würde mit einer speziellen moralischen Sofortbildkamera zu dir gesandt, um Bilder zu machen. Mit dieser Kamera könnte man Bilder deines Gedankenlebens in den letzten drei Monaten aufnehmen oder von jedem beliebigen Zeitpunkt, an dem es unbereinigte Sünde in deinem Leben gab. Die entwickelten Bilder könnte dann jedermann bestellen oder an der Kirchentür für zehn Pfennig pro Stück erwerben. Wie würdest du dich dabei fühlen?

Bevor wir bei diesen Aussichten in Depression verfallen, müssen wir zugeben, daß jeder von uns in seinen Gedanken mit Zorn, Enttäuschung und anderen negativen Gefühlen zu kämpfen hat. Es gehört zum Menschen dazu, Gefühle zu haben, und Gott möchte nicht, daß wir sie verleugnen. Er möchte aber, daß wir ihm gegenüber ehrlich sind, was unsere Gefühle anbelangt. Wandel im Licht hat nicht so sehr damit zu tun, ob Gott über alles Bescheid weiß oder nicht, sondern ob wir es ihm mitteilen oder nicht.

Fred fälscht Unterlagen in der Firma, in der er arbeitet. Sein Arbeitgeber weiß, was abläuft, stellt ihn aber nie zur Rede. Das heißt nun nicht, daß Fred seinem Arbeitgeber gegenüber ehrlich wäre. Nur wenn er seine Handlungsweisen offen zugibt, ist er ehrlich. Die Frage ist also nicht, ob sein Arbeitgeber darüber Bescheid weiß. Ganz ähnlich sagt Johannes: „Wenn wir unsere Sünden bekennen, ist er treu und gerecht; er vergibt uns die Sünden und reinigt uns von allem Unrecht" (1. Johannes 1,9).

Ich lebe mit meiner Familie im Rotlichtviertel Amsterdams, einem Stadtteil, der randvoll mit Pornographie angefüllt ist; halbnackte Prostituierte sitzen dort in den Schaufenstern und versuchen, Kunden anzulocken. Ab und zu finden Leute den Mut und fragen mich, wie ich mit dieser offen zur Schau gestellten Unmoral zurechtkomme.

Bei meinem täglichen Gang durch diese Straßen habe ich festgestellt, daß eine der besten Möglichkeiten, mein Denken rein zu erhalten, ist, mich daran zu erinnern, daß ich beständig in Gottes Gegenwart stehe. Gott war es, der mich hierher gerufen hat. Ich bin nicht einfach ein neugieriger Tourist, der sich die Schaufenster ansieht oder der einen Blick von dem erhaschen möchte, was sich hinter den gutbewachten Bordelltüren abspielt. Wenn mir ein unreiner Gedanke kommt, dann habe ich zwei Dinge zu tun. Erstens, ich muß ehrlich sein. Wenn ich etwas Unreines denke, muß ich mir selbst sagen:

„Floyd, das ist unrein, und du möchtest das nicht." Zweitens muß ich diesen Gedanken zu Jesus bringen. Diesen Schritt, etwas bewußt in die Gegenwart Jesu zu bringen, nennt die Bibel „Wandel im Licht".

Licht hat sehr viel Macht. In einem guterleuchteten Zimmer gibt es keine dunklen Ecken. Damit es ein dunkles Eck geben kann, muß ein Gegenstand das Licht abhalten und einen Schatten werfen. Die Weigerung, Sünde in unserem Leben zuzugeben, ist ein Weg, einen Schatten in unser geistliches Leben zu werfen. Wenn wir nicht acht darauf haben, diese Schatten wieder zu entfernen, indem wir unsere Sünde zugeben, werden wir schließlich mehr Dunkelheit als Licht in unserem Leben haben. Wir müssen in die Gegenwart des heiligen Gottes kommen und sagen: „Gott, hier ist dieser Gedanke. Er ist häßlich und unrein – ich brauche deine Hilfe! Ich kämpfe mit Bitterkeit, Verletztheit und unreinen Gedanken. Hilf mir, Jesus! Ich will diesen Gedanken nicht." Wenn wir das bei jedem einzelnen sündhaften Gedanken tun, erlauben wir es Jesus, in unser Leben einzubrechen und seine Hilfe und sein Licht in unser Ringen hineinzubringen.

Mir ist aufgefallen, daß, wenn ich meine Sünden Jesus bekenne, er mich nicht anfährt: „Was hast du getan? Ich bin schockiert! Das ist die schlimmste Sünde, die mir je begegnet ist!" Das Buch Prediger sagt, daß es nichts Neues unter der Sonne gibt – nichts könnte wahrer sein! Lies das Alte und Neue Testament, und du wirst jegliche Art von Sünde und Versagen finden. Aber du wirst auch einen Gott finden, der vergibt, der Menschen wieder aufhebt und ihre Füße auf festen Grund stellt. Er liebt uns und möchte zu unserem eigenen Besten, daß wir offen und ehrlich vor ihm und unseren Glaubensgeschwistern sind.

Wenn wir in Demut leben, im Licht wandeln, und bereit sind, von anderen so erkannt zu werden, wie wir wirklich sind, dann ist Gott gern bereit, uns zu helfen. Demut ist kein Gefühl. Es hat nichts damit zu tun, wie wir die Straße entlanggehen oder welchen Tonfall unsere Stimme hat. Demut ist die Bereitschaft, das, was in uns vorgeht, andere wissen zu lassen und nicht eine Maske aufzusetzen, um es zu verbergen.

In diesem Prozeß wird Gott uns reife Christen über den Weg führen, die nicht die gleichen Probleme wie wir haben; ihnen dürfen und sollen wir uns öffnen. Manchmal versucht uns der Tuefel dabei hereinzulegen, indem er uns zuflüstert: „Das kann ich niemand sagen! Das ist zu schlimm!" Oder: „Niemand wird je wieder mit mir reden, wenn man das von mir weiß!" Diese Lügen verhindern unsere Freiheit; wir dürfen ihnen kein Gehör schenken.

Es gibt eine Art von scheinbar vernünftiger Überlegung, die sagt: „Meine Sünden stehen unter dem Blut Jesu, deshalb braucht niemand anderes darüber Bescheid wissen." In einer Hinsicht stimmt das, aber es ist nur die halbe Wahrheit, wenn wir nicht zugleich betonen, daß wir es nötig haben, einander die Sünden zu bekennen. Anderen Christen unsere Sünden mitzuteilen, verschafft uns nicht die Vergebung; nur der Tod Jesu am Kreuz reicht dafür aus. Aber durch unser Sündenbekenntnis vor anderen wandeln wir in einer Art und Weise im Licht, die es dem Feind sehr viel schwerer macht, uns zu überwinden. Zugleich macht uns das auch die Liebe Gottes deutlicher, wenn andere uns vollständig kennen und *uns trotzdem lieben und annehmen*. In diesem Vorgang wird Gottes Liebe und Gnade sichtbar.

Überlege dir, was wir alles verpassen würden, wenn die Bibel nur die guten Seiten und die Erfolge von Menschen berichtet hätte! Wie könnten wir einige von Davids Psalmen verstehen, wenn wir nichts von seiner Sünde mit Batseba wüßten? Aber da wir darüber Bescheid wissen, um wieviel mehr kann uns die Schönheit und die Gnade des 51. Psalms in unserer eigenen Notsituation ansprechen!

Es ist keine Sünde, gegen Sünde zu kämpfen. Es ist aber töricht und führt manchmal zu Sünde, wenn wir alleine kämpfen, obwohl uns Gott durch die Hingabe anderer Christen seine Liebe und Unterstützung zukommen lassen möchte.

Kampf gegen die Sünde kann tatsächlich ein Segen sein! Sieg setzt Kampf voraus, und Reife bedeutet für einen Christen, Kämpfe als eine Gelegenheit für Wachstum willkommen zu heißen. Jakobus unterstreicht das, wenn er schreibt: „Seid voll Freude, meine Brüder, wenn ihr in mancherlei Versuchungen geratet" (Jakobus 1,2). – Auch Jesus kämpfte im Garten Gethsemane mit seinen Gefühlen und errang schließlich den Sieg über sie. Und vielen von uns ist Petrus so sympathisch, weil wir uns in seinen persönlichen Kämpfen wiederfinden können. Wir freuen uns an seinen Erfolgen und leiden mit ihm bei seinem Versagen.

Manchmal erwecken geistliche Leiter oder solche, die schon länger Christen sind, den Eindruck, daß sie nicht mehr in Versuchung stehen. Das ist gefährlich, sowohl für die Person selbst, als auch für jüngere Christen, die das vielleicht glauben. Wir alle sind Versuchungen und Kämpfen ausgesetzt, ungeachtet unseres Alters oder unserer Stellung. *Im Herzen einer jeden Person ist das Potential zum Bösen vorhanden. Nur wenn wir das ernst nehmen, wenn wir Rechenschaft vor anderen ablegen und mit Jesus im Licht wandeln, können wir Sünde überwinden.*

In der Bibel wird das Leben als Christ oft mit dem natürlichen Leben verglichen. Ein Baby lernt als erstes zu sitzen, dann aufzustehen und fängt schließlich an zu gehen, zu laufen und zu hüpfen. Wenn ein Kind jahrelang das Gehen nicht lernt, dann ist deutlich, daß ein ernstes Problem vorliegt, das korrigiert werden muß.

Heutzutage gibt es viele Christen, die geistliche Reife nur vorspielen. Sie agieren äußerlich gesehen glücklich und wirken sehr geistlich, ringen aber innerlich mit allen möglichen Problemen. Sie haben es nicht gelernt, geistlich zu gehen und zu laufen. Es ist Zeit, die Maske abzunehmen und echte Freude kennenzulernen. Echte Freude beruht auf einem Fundament gottgemäßer Demut und ist diesen Preis wert. Wenn wir überwinden wollen, steht am Anfang die Demut. Wir müssen diese Art von Demut und Aufrichtigkeit dadurch unterstützen, daß wir anerkennen, daß *echtes geistliches Leben Ehrlichkeit in Niederlagen oder Entmutigungen einschließt.*

In den USA gab es vor kurzem einige geistliche Leiter, die nicht in Offenheit und Ehrlichkeit lebten; das hat zu tragischen Ergebnissen geführt. Bei profilierten und bekannten geistlichen Diensten ist die Versuchung groß, Sünde zu vertuschen, Rechenschaftspflichten zu übergehen, und für sich selbst die Notwendigkeit von Transparenz und Aufrichtigkeit zu bestreiten. Christen unterstützen solche Haltungen dadurch, daß sie geistliche Leiter behandeln, als ob sie keine Fehler machen könnten. In den erwähnten Fällen kam plötzlich alles ans Licht, und die säkularen Medien genossen es, den ganzen Schmutz langsam vor den Augen der Öffentlichkeit auszubreiten. Wie anders wäre das alles gelaufen, wenn die Betroffenen offen und ehrlich gewesen wären! Anstatt daß die Sache als „Familienangelegenheit unter Christen" von den Betroffenen behandelt wurde, wurde der Skandal in der gesamten amerikanischen Öffentlichkeit breitgetreten und brachte Peinlichkeiten und Schande für alle Christen mit sich. Das alles war tragisch und vor allem unnötig. Jesus verheißt, daß das, was wir zu verbergen hoffen, eines Tages von den Dächern verkündet werden wird. Täuschen wir uns nicht! Der Maßstab Gottes ist Ehrlichkeit; wenn wir danach leben, wird er uns segnen. Es ist Zeit, daß wir anfangen „im Licht zu wandeln".

KAPITEL 6

Gib dem Fleisch keinen Raum!

Paulus fordert uns auf: „Sorgt nicht so für euren Leib, daß die Begierden erwachen" (Römer 13,14). Anders ausgedrückt: wir sollen uns nicht absichtlich in Situationen begeben, in denen wir versucht werden, weder um zu beweisen, wie stark wir sind, noch um zu zeigen, daß wir in einem bestimmten Bereich unseres Lebens keine Schwächen haben. Was immer auch unsere Schwächen sein mögen, wir müssen reif genug sein, sie vor uns und anderen zuzugeben. Christen müssen vor Versuchungen fliehen, nicht mit ihnen flirten. Es spricht gegen jegliche Vernunft, die Bereiche, in denen wir schwach sind, ständig der Versuchung auszusetzen.

Ich liebe es, Eis zu essen – schokoladenüberzogenes Eis, Sundaes, Kuchen mit Eiskrem, Eis in Waffeln oder einfach Eis aus der Schachtel! Stell dir vor, ich würde versuchen, vollständig mit dem Eisessen aufzuhören. Und um dann meine Frau mit meiner Selbstdisziplin zu beeindrucken, würde ich sie bitten, ihr bestes hausgemachtes Doppelschokoladeneis mit Walnüssen und Mandeln zu machen! Zugleich würde ich sie bitten, mehrere Schüsseln mit Eis sorgfältig im ganzen Haus zu postieren: eine Schüssel neben meinem Bett, damt ich es sehen muß, wenn ich zu Bett gehe; eine weitere im Badezimmer, damit der Anblick mich beim Rasieren quält. Überall wo ich hinkomme, möchte ich Eis sehen! Wenn ich die Tür des Kühlschranks öffne, will ich eine Schüssel

Eis sehen, auf der mein Name steht – und das alles nur, weil ich meine Frau damit beeindrucken möchte, daß ich jedesmal der Versuchung widerstehen kann!

Mit einem derartigen Vorgehen macht man sich nur lächerlich. Wenn ich kein Eis mehr essen will, warum soll ich mich ständig durch seinen Anblick quälen? Wenn ich dadurch überhaupt irgend etwas beweise, dann nur, daß ich verrückt bin. Die Anonymen Alkoholiker ermutigen Leute, die vom Alkohol frei werden wollen, nicht, sich Nacht um Nacht in rauchgeschwängerte Bars zu begeben, um zu beweisen, daß sie ihr Problem überwunden haben – ein derartiger Versuch würde unausweichlich einen verheerenden Rückfall zur Folge haben. Bereiche von Schwäche in unserem Leben sind schwer genug zu überwinden, ohne daß man sich noch zusätzlicher Versuchung aussetzt.

In unserer Arbeit in Amsterdam haben wir als feste Regel, daß keiner unserer Mitarbeiter allein zu Prostituierten geht, um ihnen Zeugnis zu geben. Keiner von uns steht über der Versuchung, und deshalb wollen wir ihr auch keinen Raum geben. Wenn wir anders handelten, würden wir uns mit Sicherheit eine Menge Probleme einhandeln.

Der gesunde Menschenverstand sagt einem ebenfalls, daß man auch bei der Seelsorge an einer Person des anderen Geschlechts nicht allein sein sollte. Für Pastoren und Leute im Seelsorgedienst kann das zum Fallstrick werden. Wenn ein Pastor in seiner Ehe durch eine schwierige Zeit geht und ihm dann eine attraktive Klientin mitteilt, daß er der einfühlsamste Mensch sei, der ihr je begegnet ist, daß er so verständnisvoll und weise sei, dann ist er natürlich in diesem Moment für Versuchung sehr anfällig. Viele können dieser subtilen Versuchung widerstehen, aber andere geben ihr nach – und das hat verheerende Konsequenzen. Gib dem Fleisch keinen Raum!

Wir müssen aber andererseits vorsichtig sein, nicht aus Ängstlichkeit die Gelegenheiten, die Gott schenkt, zu verpassen. Wenn eine Frau in großer Not in das Büro eines Pastors kommt und ihm ihr Herz ausschüttet, dann sollte er nicht das Gefühl haben, sie mitten im Satz unterbrechen zu müssen, um ein Treffen für nächste Woche auszumachen, wenn seine Frau dabei sein kann. Das Weiseste ist es, die Bürotür zu öffnen, die Sekretärin oder jemand anderen zu bitten, dabeizusein, oder in einem offenen Raum zu sitzen, wo man für jedermann sichtbar ist. Dann kann er sich in aller Ruhe die dringenden Probleme der Frau anhören und sie einladen, später mit ihm und seiner Frau eingehender darüber zu reden. Es geht nicht darum, der Frau und ihren Problemen aus dem Weg zu gehen, sondern darum, Versuchungen zu vermeiden und doch gleichzeitig zu helfen.

Wenn jemand Probleme mit seiner Klatschsucht hat und viele Stunden mit anderen verbringt, die die gleiche Neigung haben, dann muß der Betreffende sich eben einige neue Freunde suchen. Wenn man sich dann trifft, sollte man vorher überlegen, was man zusammen tun möchte, damit das Gespräch nicht an einen toten Punkt kommt, den man mit Klatsch über anderer Leute Angelegenheiten zu überwinden sucht.

Wenn wir das Problem haben bei Verabredungen mit unserem Freund oder Freundin, daß wir uns körperlich zu nahe kommen, warum sollten wir dann abends längere Zeit allein im Auto zusammensitzen? Warum haben wir immer nur Verabredungen, bei denen niemand sonst dabei ist? Allzuoft warten wir, bis die Sünde direkt sich uns anbietet, bevor wir sehen, ob wir genügend Selbstkontrolle haben, um sie zu vermeiden.

Vor kurzem sprach ich mit einem jungen Mann namens Kevin, der mir erzählte, daß er vollständig frei von sexueller Versuchung sei und keinerlei Probleme damit hätte. Ich sagte ihm, daß er sich auf sehr gefährlichem Boden bewege. Es gibt keinen Menschen, der frei davon wäre, in Versuchung zu geraten. Nicht umsonst sagt die Bibel: „Wer steht, soll zusehen, daß er nicht falle." Wir alle sind fähig, in Versuchung zu geraten und zu fallen – wenn wir das nicht zugeben, heißt das nur, daß wir nicht angemessen auf uns selbst achthaben. Wir müssen ehrlich sein. Wenn wir eine bestimmte Schwäche haben, dann sollten wir uns nicht in Situationen bringen, wo wir in Versuchung stehen, ihr nachzugeben. Wenn ich kein Eis essen will, dann soll ich es auch nicht bestellen, um es dann anschauen zu müssen. Wenn ich nicht meine Zeit damit verbringen möchte, schlecht über andere zu reden, dann sollte ich nicht allzu enge Beziehungen zu Leuten entwickeln, bei denen das zur Gewohnheit geworden ist.

Gelegentlich muß ich allein durch das Amsterdamer Rotlichtviertel gehen. Ich mag das nicht, aber es gibt Zeiten, wo ich es nicht vermeiden kann. So habe ich einen Weg gefunden, der an keinem der Sexläden oder Prostituierten vorbeiführt. Dieser Weg dauert etwas länger, aber ich möchte mich nicht mit vermeidbaren Versuchungen konfrontieren lassen.

Wenn ich schon dem Fleisch keinen Raum geben will, warum lebe ich dann überhaupt im Rotlichtviertel? Die Antwort ist, daß, wenn wir an einem Ort leben müssen, an dem die Versuchungen groß sind, wir nur auf Gottes Weisung und in seiner Kraft dorthingehen sollten. Ab und zu findet sich jeder einmal in einer Situation wieder, die eine Versuchung zu sündigen darstellt. Wir sollten jedoch sicherstellen, daß wir solche Situationen nicht von uns aus absichtlich aufsuchen.

Es gibt einige Leute, die sehr besorgt werden, wenn sie plötzlich feststellen müssen, daß sie immer noch eine Neigung zu Sünden verspüren, die früher Macht über sie hatten, obwohl sie sich doch von ihrer Sünde abgewendet haben und im Sieg Jesu leben. Ich verwende dafür gerne folgendes Bild: In der Wüste gibt es Furchen, die von ausgetrockneten Bachläufen herrühren, und die oft jahrelang trocken sind. Nach einem Regenfall aber fließt das Wasser plötzlich wieder in die alten Furchen, die es sich über viele Jahre gegraben hat.

Mit unserem Denken verhält es sich wie mit einem derartigen Bachbett. Wir gewöhnen uns an, auf eine bestimmte Art und Weise zu denken und zu reagieren. Wenn wir uns völlig Christus zuwenden, wird die Triebkraft hinter dieser gegen Gott gerichteten Weise des Denkens und Handelns gebrochen. Die Kraft, die uns in diesen alten Furchen gehalten hat, hat dann zwar ihre Macht verloren, aber die Furchen selbst sind immer noch da. Solche alten Muster des Sündigens sind mit großer Wahrscheinlichkeit diejenigen, über die wir am leichtesten stolpern und in die wir am ehesten zurückfallen. Die gute Nachricht ist aber, daß Christus uns von ihrer alten Macht befreit hat. Wenn wir in Christus wachsen, werden auch diese alten Furchen weggewaschen werden. Aber in der Zwischenzeit müssen wir diesen Sünden gegenüber wachsam sein und unserer selbst nie so sicher sein, daß wir glauben, wir könnten nie wieder in sie zurückfallen.

Um ein rechtschaffenes Leben zu führen, brauchen wir alle die Kraft Christi; wenn wir uns aber weigern, zuzugeben, daß wir von uns aus schwach sind, wird das dazu führen, daß wir seine Kraft nicht in Anspruch nehmen. Ein siegreiches Christenleben wird nicht am Rande eines steil abfallenden Kliffs gelebt, an das wir uns gerade noch so eben mit unseren Fingerspitzen festkrallen, um nicht abzustürzen. Wir sollten soweit wie nur möglich vom Rande der Versuchung entfernt leben!

KAPITEL 7

Das Geheimnis eines siegreichen Christenlebens

Es gibt keine Formel und keine Geheimtips, die uns ein siegreiches Christenleben garantieren könnten. Und doch sind über die Jahrhunderte hinweg, genau wie heute, immer wieder Menschen in dieses Leben hineingekommen und haben Freude daran gehabt. Gott hatte nie vor, daß Christen in dem Schlamassel eines permanenten persönlichen Kampfes mit der Sünde leben sollten. Und doch müssen wir erkennen, daß die Fähigkeit zu sündigen in uns allen wohnt, und daß so der Kampf mit der Sünde eines der wichtigsten Mittel ist, durch die wir in unserem Christenleben wachsen und reifen.

Dieser auffällige Widerspruch findet seine Erklärung darin, daß nicht nur das Vorhandensein der Sünde, sondern auch unsere Reaktion darauf wichtig ist. Wir müssen jede bekannte Sünde zu Jesus bringen in dem Bewußtsein, daß es keine noch so schlimme Sünde gibt, die er nicht vergeben kann, wenn wir aufrichtig sind. Wenn wir immerzu mit einer ganz bestimmten Sünde kämpfen und nie Fortschritte machen, dann ist etwas falsch. Du brauchst vielleicht Hilfe von einem guten Seelsorger oder einem christlichen Psychologen. Es gibt viele solcher Leute, die den Herrn Jesus lieben und mit den Prinzipien dieses Buches übereinstimmen. Um Hilfe zu bitten, ist kein Zeichen von Schwäche, sondern von Reife!

Nirgends in der Schrift wird uns gesagt, daß wir als

Christen an einem sündlosen Leben Freude haben werden, wohl aber an einem *siegreichen* Leben. Um Sieg zu haben, muß es etwas geben, das man überwindet – man kann das eine nicht ohne das andere haben. Wenn du durch Probleme gehst mit Sünde, das dann zum Herrn bringst und schließlich den Sieg darüber hast, so daß die Sünde dich nicht länger beherrscht, dann genießt du die Schönheit eines siegreichen Christenlebens. Wenn du bei deinen Kämpfen aber keinerlei Fortschritte machst und beständig in die gleiche Sünde zurückfällst, dann lies dieses Buch noch einmal, bete über die dargestellten Prinzipien und bitte Gott um Hilfe bei der Umsetzung in die Praxis.

Es gibt keine Geheimtips oder Zauberformelnn, mit denen man Sünde problemlos überwinden könnte, aber es gibt biblische Prinzipien, denen man gehorchen muß. Und durch den Tod Jesu am Kreuz hat Gott wunderbar dafür gesorgt, daß wir den Sieg über die Sünde erfahren können. Wenn wir seinen Sieg annehmen und darin bleiben, dann werden wir seine Auferstehungskraft in unserem Leben erfahren; sie hilft uns, Sünde zu überwinden.

Mit aller Kraft um den Sieg über die Sünde zu ringen, kann sogar zum Hindernis dafür werden, das zu erreichen, was wir so verzweifelt anstreben. Wir müssen an einen Punkt kommen, wo wir uns Gottes Liebe zu uns und unseres endgültigen Triumphes aufgrund seines Werkes am Kreuz so sicher sind, daß wir in ihm ruhen können. Paulus ermutigte die Christen in Philippi, „daß er, der bei euch das gute Werk begonnen hat, es auch vollenden wird bis zum Tag Christi Jesu" (Philipper 1,6). Wenn wir in unserem Glauben zur Ruhe kommen und aktiv Jesus als Herrn vertrauen, dann ermöglichen wir es dem Heiligen Geist, tief in unseren Herzen zu arbeiten.

Lieber Freund, höre auf zu kämpfen und wende dich Jesus zu, denn er allein ist der Sieger. Er hat Sünde, Tod,

Teufel und alle Mächte des Bösen überwunden. Übergib all dein Versagen und deine Sorgen Jesus. Bete ihn an und empfange von ihm Gnade, Vergebung und Hoffnung. Komm in seiner unerschöpflichen Liebe zur Ruhe.

Wenn dein Herz dich verurteilt, erinnere dich daran, daß „Gott größer ist als dein Herz". Er ist größer. Er ist größer als Sünde. Komm jetzt zu ihm und entspanne dich in seiner großen Liebe. Wir müssen natürlich den Prinzipien folgen, die in diesem Buch dargelegt wurden, aber vor allem müssen wir auf Jesus vertrauen. Versuche nicht, selbst die Sühne für Versagen in deiner Vergangenheit zu leisten oder dir seine Liebe zu verdienen. Er liebt dich, einfach, *weil er dich liebt*. Akzeptiere diese Tatsache jetzt; nimm dir jetzt in diesem Augenblick Zeit dafür.

Antworte auf seine Liebe nicht, indem du versuchst, sie dir zu verdienen, sondern aus Dankbarkeit. Gehorche ihm mit der Tat, aber laß deine Taten des Gehorsams Antworten der Liebe sein auf seine große Freundlichkeit und Barmherzigkeit.

Lieber Vater,
Danke für deine wunderbare Liebe zu mir; ich kann
dir das niemals zurückzahlen. Ich will dir aber sagen,
wie dankbar ich bin!